W9-ASU-841

Somos Latinos

mi música • my music

George Ancona

With Alma Flor Ada and F. Isabel Campoy
Language Consultants

Children's Press® A Division of Scholastic Inc.
New York • Toronto • London • Auckland • Sydney • Mexico City • New Delhi • Hong Kong • Danbury, Connecticut

To Helena Carvalhosa

Thanks to the people who helped me produce this book: to María Benítez and Flamenco's Next Generation Company; to Janira and Nicholas Córdova and their parents, Lawrence and Donna Córdova; to Alexandria and Isaiah Martínez and their parents, David and Denise Martínez; to Domino Martínez and Keyana de Agüero; to guitarist Joachim Gallegos; to María Martínez of El Museo Cultural; to Barbara Gabaldon of the Radisson Hotel. To Jovita Enríquez, her family and teachers, Richlyn McArthur and Eddie Hernández, and the students of the Mariachi Camino Real; and to JuanJulián Quiñones, his brother Camilo (who plays Pearl Percussion and Zildjian cymbals), and his father Tony Quiñones and family.

Gracias
G.A.

Library of Congress Cataloging-in-Publication Data

Ancona, George.
    Mi música = My music / George Ancona ; Alma Flor Ada & F. Isabel Campoy,
    language consultants.
        p. cm. — (Somos latinos)
    Spanish text with parallel English translation.
    Includes bibliographical references and index.
    ISBN 0–516–25295–X (lib. bdg.)   0–516–25494–4 (pbk.)
1. Hispanic Americans—Music—History and criticism—Juvenile literature. 2. Hispanic American children—Juvenile literature. 3. Children of immigrants—United States—Social life and customs—Juvenile literature. I. Title: My music. II. Ada, Alma Flor. III. Campoy, F. Isabel. IV. Title.
ML3558.A53 2005
780'.89'68073—dc22

                2005011694

© 2005 by George Ancona
Photo top of page 32 by Helga Von Sydow
All rights reserved. Published in 2005 by Children's Press, an imprint of Scholastic Library Publishing.
Published simultaneously in Canada.
Printed in China.
5 6 7 8 9 10 R 14 13 12 11 10 09   62

Contenido • Contents

Introducción

Los tres niños de este libro viven con la música de sus antepasados. Janira y su hermano crecen en Nuevo México con el flamenco, la música de España. Jovita mantiene vivos sus recuerdos de México con las canciones de mariachis llamadas *rancheras*. JuanJulián está siguiendo los pasos de su padre y de su hermano mayor; la suya es la mezcla musical de los ritmos salseros de Puerto Rico, Cuba, y otras partes del Caribe.

Introduction

The three children in this book live with the music of their ancestors. Janira and her brother are growing up in New Mexico with flamenco, the music of Spain. Jovita keeps her memories of Mexico alive with the mariachi songs she sings called *rancheras*. JuanJulián is following in the musical footsteps of his father and older brother; theirs is the musical blend of rhythms from places like Puerto Rico, Cuba, and other parts of the Caribbean—Salsa.

George Ancona

Hola, soy Janira. La música flamenca con la que bailo puede crearse con las manos. Se le llama *hacer palmas*. Luego taconeamos el ritmo del baile con los pies. Cuando bailo también puedo tocar las castañuelas.

Hi, I'm Janira. The flamenco music I dance to can be simply clapping hands. This is called *palmas*. Then we stamp the rhythms of the dance with our feet. While I dance, I can also play the castanets.

Los bailaores se alternan para cantar. Hay canciones para cada uno de los diferentes ritmos de baile. Algunas son muy tristes, pero otras son alegres.

Dancers take turns singing. There are songs for each of the different dance rhythms. Some are very sad, but others are happy.

La guitarra completa el grupo de flamenco. Mi hermano está aprendiendo a tocarla. El guitarrista toca mientras yo hago palmas. El ruido del taconeo forma parte de la música. Cuando es buena gritamos "¡Olé!"

The guitar completes a flamenco group. My brother is learning to play. The guitarist plays while I do *palmas*. The sounds of the dancer's shoes become part of the music. When it's good, we shout, *"Olé!"*

Yo soy Jovita. Formo parte de un mariachi. Ensayamos y tomamos lecciones de música después de la escuela. Nuestros maestros cantan y tocan con nosotros. Yo toco el violín y canto baladas mexicanas llamadas *rancheras*.

I'm Jovita. I am part of a mariachi band. We rehearse and take music lessons after school. Our teachers sing and play with us. I play the violin and sing Mexican ballads called *rancheras*.

Nos vestimos con nuestros trajes de mariachi para actuar. Los trajes llevan botones de plata. Llevamos una pajarita que se llama *moño*. Me siento feliz cuando canto porque canto sobre México, el lugar de donde vengo.

We dress up in our mariachi suits to perform. The suits have silver buttons. We wear a bow tie called a *moño*. I feel happy when I sing because I sing about Mexico, the place where I came from.

Los instrumentos que tocamos son violines, guitarras, trompetas, una guitarra bajo llamada *guitarrón*, y una guitarrita llamada *vihuela*. Todos cantamos por turnos.

The instruments we play are violins, guitars, trumpets, a bass guitar called a *guitarrón*, and a small guitar called a *vihuela*. We all take turns singing.

vihuela • vihuela

violín • violin

trompeta • trumpet

guitarrón • base guitar

guitarra • guitar

A mí me llaman JuanJulián. Los domingos los niños de la familia se juntan y actúan. Sacamos del garaje los instrumentos de mi hermano mayor y los ponemos en el portal. Mi padre toca las *congas* y el *bongó*.

They call me JuanJulián. On Sundays, the family kids get together and jam. We take my older brother's instruments from the garage and set them up on the porch. My father plays the *congas* and the *bongó*.

bongó ● bongo

Mi padre nos enseña a
tocar los instrumentos de
percusión que él toca.

My father teaches us
to play the percussion
instruments he plays.

congas ● congas

Camilo, mi hermano mayor, toca los *timbales*. Mis primas tocan las maracas y el cencerro.

My older brother Camilo plays *timbales*. My cousins play the *maracas* and the cowbell.

timbales • timbals

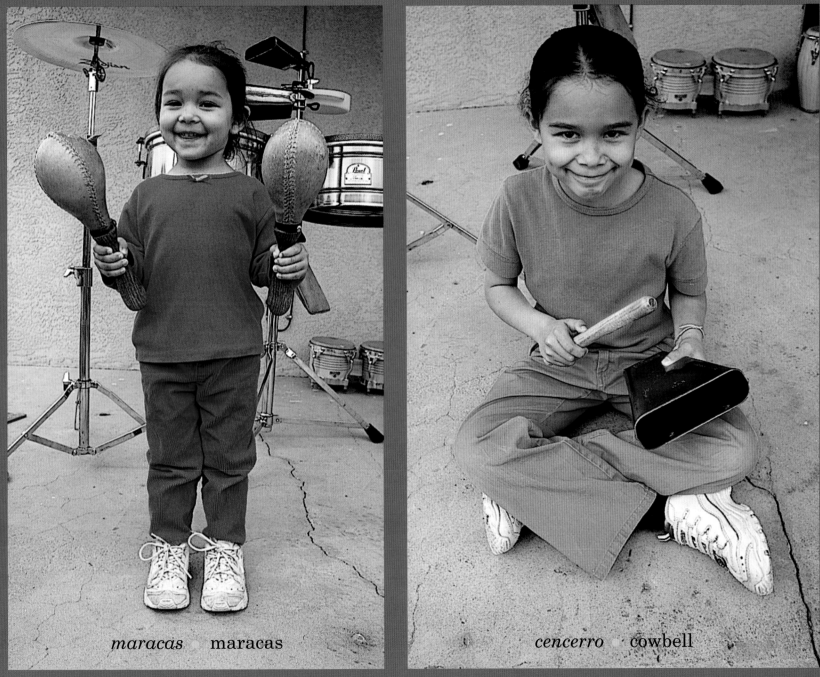

maracas   maracas

cencerro   cowbell

clave • clave

güiro • güiro

Mi padre dice que las *claves* son el corazón de la música latina. Marcan el ritmo para la música de salsa. Si yo practico el *güiro*, puede que algún día llegue a tocar en la banda con mi padre y mi hermano.

My father says that the *claves* are the heart of Latin music. They set the beat for salsa music. If I practice the *güiro*, someday I may get to play in the band with my father and brother.

Los padres

Los padres de Janira Córdova nacieron en los Estados Unidos, pero sus antepasados llegaron al suroeste desde España. Se sienten felices de que Janira y su hermano Nicolás estudien flamenco. Esta música mantiene viva sus raíces.

Los padres de Jovita Enríquez vinieron de Chihuahua, México, con sus tres hijos. Su hijo pequeño tenía asma, pero al llegar a Nuevo México, se puso mejor. Están muy orgullosos de Jovita y de su talento.

El padre de JuanJulián vino de Puerto Rico y su madre de Cuba. Se conocieron en Nueva York y decidieron mudarse a Nuevo México para poder estudiar en la Universidad de Nuevo México.

The Parents

Janira Córdova's parents were born in the United States, but their ancestors came from Spain to the Southwest. They are happy that Janira and her brother Nicholas are studying flamenco. It keeps their heritage alive.

Jovita Enríquez's parents came from Chihuahua, Mexico, with their three children. Their little boy had asthma, but when they came to New Mexico, he got better. They are very proud of Jovita and her talent.

JuanJulián's father came from Puerto Rico, and his mother came from Cuba. They met in New York and decided to move to New Mexico so that they could study at the University of New Mexico.

UNITED STATES

New York City, NY

Albuquerque, NM

Santa Fe, NM

Chihuahua

MEXICO

PACIFIC OCEAN

CUBA

BELIZE

GUATEMALA
EL SALVADOR

HONDURAS

NICARAGUA

COSTA RICA

PANAMA

Caribbean Sea

HAITI

DOMINICAN REPUBLIC

PUERTO RICO

North

West   East

South

SPAIN

AFRICA

ATLANTIC OCEAN

0   1000 miles

0   1000 kilometers

COLOMBIA

ECUADOR

PERU

BOLIVIA

BRAZIL

PARAGUAY

VENEZUELA

CHILE

ARGENTINA

URUGUAY

Países donde se habla español
Countries where Spanish is spoken

El viaje de la familia de Janira
Janira's family's journey

El viaje de la familia de Jovita
Jovita's family's journey

El viaje de la familia de JuanJulián
JuanJulián's family's journey

Queen Isabel and King Fernando of Spain sent Christopher Columbus on his voyage of exploration in 1492. That same year Columbus arrived at the island of Cuba where the first Spanish colony was built in 1511. In 1493, Columbus set foot on the island of Puerto Rico, and it too became a Spanish colony.

La reina Isabel y el rey Fernando de España enviaron a Cristobal Colón en un viaje de exploración en 1492. Ese mismo año Colón llegó a la isla de Cuba donde fue construída la primera colonia española en 1511. En l493, Colón desembarcó en la isla de Puerto Rico, que también se convirtió en una colonia española.

Música latina

Los pueblos nativos de las Américas tocaban música con tambores, calabazas secas, trompetas de barro, conchas de caracol, flautas y zampoñas. Al llegar los españoles trajeron la guitarra. La música española era una mezcla de música morisca, judía, cristiana y gitana. Los africanos trajeron sus ritmos y tambores, instrumentos de cuerda y marimbas. Los europeos trajeron el clavicordio, el violín, el arpa, el trombón e instrumentos de viento hechos de madera. Cada país latinoamericano creó su propia música a partir de estas influencias. La música no tiene fronteras y así hoy escuchamos y bailamos salsa, merengue, danzón, rumba, guaguancó, flamenco, bolero, cha cha chá, rancheras, cumbia, tango, samba y muchas otras formas de música latina.

flauta ● flute

Latin Music

The native peoples of the Americas played music on drums, gourd rattles, clay trumpets, conch shells, flutes, and panpipes. When the Spaniards arrived, they brought the guitar. Their music was a blend of Moorish, Jewish, Christian, and Gypsy music. The Africans brought their drums, string instruments, xylophones, and rhythms. Europeans brought the harpsichord, violin, harp, and brass and woodwind instruments. Each Latin American country created its own music from these influences. Music knows no borders, and so today we listen, sing, and dance to salsa, merengue, danzón, rumba, guaguanco, flamenco, bolero, cha cha, ranchera, cumbia, tango, samba, and many of the other forms of Latin music.

zampoña ● panpipe

Palabras en español = Words in English

bailar = to dance

banda = band

flauta = flute

guitarra = guitar

hacer palmas = clap

instrumentos = instruments

manos = hands

pies = feet

porche/portal = porch

trompeta = trumpet

violín = violin

zampoña = panpipe

Índice

Index

Sobre el autor

George Ancona creció oyendo a su madre cantar las canciones de México, de donde vienen sus padres. De joven George bailaba con la música de muchos ritmos latinos que luego se convirtieron en la salsa. Estudió guitarra por algún tiempo pero tuvo que dejarlo porque sus viajes como fotógrafo no le permitían practicarla. Pero aún sigue bailando.

About the Author

George Ancona grew up listening to his mother sing the songs of Mexico, where his parents came from. As a teenager, he danced to the music of the many Latin rhythms that later became salsa. He studied guitar for a while, but had to give it up because his travels as a photographer kept him from practicing. But he still dances.

Sobre Alma Flor Ada y F. Isabel Campoy

Alma Flor ama la música, sobre todo la clásica y ha escrito un hermoso cuento sobre la historia de la guitarra. Isabel canta y a veces baila flamenco. Alma Flor e Isabel tienen la suerte de ser amigas de Suni Paz con quien han creado *Música amiga*, una antología de 120 canciones con los ritmos del folklore latinoamericano.

About Alma Flor Ada and F. Isabel Campoy

Alma Flor loves music, especially classical and she has written a fun story about the history of the guitar. Isabel sings and sometimes dances flamenco. Alma Flor and Isabel have the pleasure of being friends of Suni Paz with whom they have created *Música amiga* an anthology of 120 songs with the rhythms of Latinamerica's folklore.